유리창에
부딪치는
새들

국립생태원

국립생태원은 사람과 자연이 함께 살아갈 수 있는 환경을 만들기 위해
연구, 교육, 전시를 담당하는 기관입니다.
국립생태원은 사람이 머무는 모든 곳이 자연을 배우는 교실이 되기를 바랍니다.
자연이 우리의 미래가 되기를 바라는 마음으로, 소중한 생태 정보와 이야기들을
다양한 책으로 만들고 있습니다.

소소한소통

세상의 모든 정보를 '쉽게' 만들어 가는 사회적기업.
정보에 소외된 사람들의 알 권리를 위해 다양한 콘텐츠를 만들고 있습니다.
일상의 소소한 순간까지 소통의 어려움이 없는 삶을 꿈꿉니다.

일러두기

- 이 책은 2023년 12월에 국립생태원에서 발행한 『야생조류 유리창 충돌』책의 내용 중 일부를 뽑아서 만들었습니다.
- 이 책은 쉬운 정보가 필요한 분들의 이해를 돕기 위해 문장을 쉽게 풀어 쓰고 단어를 쉽게 바꿔서 사용하였습니다.

쉬운 글과 그림으로 보는 자연 이야기

유리창에 부딪치는 새들

들어가는 말

새는 개나 고양이만큼 우리 주변에서
쉽게 볼 수 있는 동물이에요.
동네에서는 참새, 비둘기를 자주 볼 수 있어요.
하천에 가면 청둥오리 같은 물새도 있지요.

새는 자유롭게 날아다녀요.
그리고 주변 환경이 바뀌는 것에 예민하게 반응해요.
만약 어느 지역의 환경이 안 좋아졌다면
새가 그걸 먼저 알아차리거나 이미 알고 그 지역을 떠나요.
그래서 새가 많고 다양하면 그곳의 자연 환경이 좋다는 뜻이에요.
반대로 새가 없다면 환경이 나쁘다는 뜻이고요.
새를 보고 생태계가 건강한지 알 수 있어요.

새는 작은 곤충, 물고기 등 다양한 생물을 잡아먹어요.
그래서 어느 한 종류의 생물이 너무 많아지는 것을 막아 줘요.
예를 들어, 어떤 곤충의 숫자가 너무 많아지면
새가 그 곤충을 더 많이 잡아먹을 것이고
그럼 곤충의 숫자가 줄어들게 돼요.
그렇게 생태계의 균형이 유지되지요.

또, 새는 식물이 자라고 열매를 맺을 수 있게 도와줘요.
나무 열매를 먹는 새들은 배설물로 씨앗을 여기저기 퍼트려요.
꽃가루나 꿀을 먹는 새들은 꽃가루를 옮기면서
나무가 열매를 맺을 수 있도록 돕지요.

그런데 새가 사라지고 있어요. 새가 사라지는 가장 큰 이유 중
하나는 유리창에 부딪치는 사고 때문이에요.
하늘을 날다가 투명한 유리창을 보지 못하고 부딪쳐 죽는 것이지요.
1년에 800만 마리의 새가 유리창에 부딪쳐 목숨을 잃어요.

새가 사라진다면 생태계의 균형이 깨지고 말 거예요.
꽃이 피지 않고 나무에 열매가 맺히지 않을 수도 있어요.
새가 자유롭고 안전하게 하늘을 날 수 있도록
새가 유리창에 부딪치지 않도록 관심을 가져 주세요.

새는 이렇게 생겼어요!

우리 주변에서 쉽게 볼 수 있는 새의 모습을 떠올려 보세요.
새에게는 다른 동물들과는 다른 특징이 있어요.
바로 깃털과 부리가 있고, 특별한 뼈와 눈이 있다는 점이지요.

ⓒ서지연

깃털

깃털은 하늘을 날기 위해 꼭 필요해요.
깃털이 날개가 잘 움직일 수 있도록
도와주기 때문이에요. 또, 깃털은
새의 몸을 따뜻하게 만들어 줘요.
짝짓기할 때가 되면 화려한 색깔과
무늬의 깃털로 몸을 꾸미기도 하지요.

뼈

새의 뼈는 아주 가벼워요.
그리고 아주 단단해서 하늘로 날아오르거나
땅에 내려앉을 때의 충격을 견딜 수 있어요.
뼈 안은 비어 있어서 공기를 담을 수 있어요.
이 공기 덕분에 새는 높은 곳으로 더 쉽게 날아오르고,
더 멀리까지 날아다닐 수 있어요.
또, 날갯짓을 하려면 가슴 근육이 많이 필요해서,
가슴뼈가 다른 뼈보다 더 크답니다.

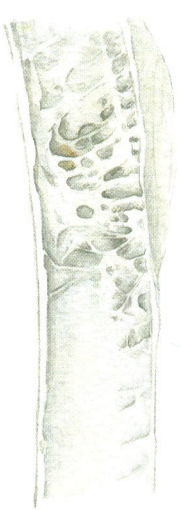

부리

사실 새의 부리도 뼈예요.
턱뼈가 여러 개 있거나 이빨이 많은 동물도 있지만
새는 부리밖에 없어요.
부리를 이용하면 입 주변의 다른 뼈가
필요하지 않아서 몸을 더 가볍게
만들 수 있기 때문이에요.

눈

새의 머리에서 가장 큰 부분은 눈이에요.
새는 뇌보다 눈이 더 무거워요.
새는 빠르게 움직이고 날아다니기 때문에
주변에 무엇이 있는지 잘 살펴봐야 해요.
그래서 눈이 아주 중요하지요.

순서

들어가는 말 … 4

새는 이렇게 생겼어요! … 6

1장 유리창에 부딪치는 새들

하늘의 로드킬 … 12

유리창에 부딪치는 새의 수 … 14

사라질 위기의 새들 … 16

2장 새가 유리에 부딪치는 이유

투명한 유리 … 20

빛을 반사하는 유리 … 22

새의 시야 … 24

새의 비행 속도 … 26

3장 바닥에 떨어져 있는 새를 발견했다면?

쓰러진 새를 발견했다면 도와주세요! … 30

살아 있는 새를 봤을 때 … 32

죽은 새를 발견했을 때 … 34

네이처링 앱에 기록하기 … 36

4장 새가 유리창에 부딪치는 것을 막는 방법

맹금류 모양 스티커 붙이기 … 40

새에게 유리창이 있다는 것을 알려 주기 … 42

새의 눈에 잘 보이는 무늬 활용하기 … 44

아크릴 물감으로 표시하기 … 46

낙하산 줄 이용하기 … 48

5장 새와 함께 사는 방법

유리창을 비스듬하게 … 52

새에게 안전한 건물 … 54

독특한 모양의 유리 사용하기 … 56

6장 새를 구하는 사람들

새들을 구하기 위해 할 수 있는 일 … 60

새가 다치지 않는 건물을 짓고 싶어요 … 62

새의 죽음을 알리는 방송을 만들어요 … 64

새를 관찰하다가 새를 돌보게 됐어요 … 66

어느 날부터 새 소리가 들리지 않았어요 … 68

새의 죽음에 관심 없는 사람들 때문에 힘들어요 … 70

우리가 모르는 사이에 새가 죽어 가고 있어요 … 72

새를 살리기 위해, 죽은 새를 찾고 있어요 … 74

새와 함께 사는 세상 만들기, 누구나 할 수 있어요 … 76

유리에 부딪쳐 죽는 새를 그냥 지나칠 수 없었어요 … 78

1장
유리창에 부딪치는 새들

하늘의 로드킬

'로드킬'이라는 말을 알고 있나요?
로드킬은 야생 동물이 도로를 건너다
자동차에 치여 목숨을 잃는 사고를 말해요.
하지만 로드킬은 땅 위의 도로에서만 일어나는 게 아니에요.
하늘에서도 일어나지요.

하늘에는 도로가 없는데, 어떻게 하늘에서 로드킬이
일어난다는 것일까요?
하늘의 로드킬은 바로 새가 유리창에 부딪치는 사고를 뜻해요.
사람이 만든 건물의 유리창에 새가 부딪쳐 목숨을 잃거든요.

유리창에 부딪치는 새의 수

얼마나 많은 새가 유리창에 부딪쳐서 목숨을 잃을까요?
국립생태원이 환경부와 함께 조사했어요.

조사 결과, 1년에 약 800만 마리의 새가
유리창에 부딪쳐 목숨을 잃는다는 사실을 알게 됐어요.
약 760만 마리가 건물의 유리창에 부딪치고,
약 23만 마리가 고속도로의 투명한 **방음벽**에 부딪쳐
피해를 입었지요.

하지만 실제로는 이것보다 더 많은 새가
투명한 유리창에 부딪치고 있을 거예요.
건물과 고속도로 방음벽 말고도 지하철의 출입구,
버스 정류장, 육교의 난간, 자전거 보관소 등
우리 주변에는 투명한 유리창이 아주 많거든요.
이런 곳에 부딪치는 새는 조사하지 못했어요.
얼마나 많은 새가 유리창에 부딪치고 있는 걸까요?

✈ 방음벽 : 시끄러운 소리를 막기 위해 설치한 벽.

1년 동안 유리창에 부딪친 새의 수

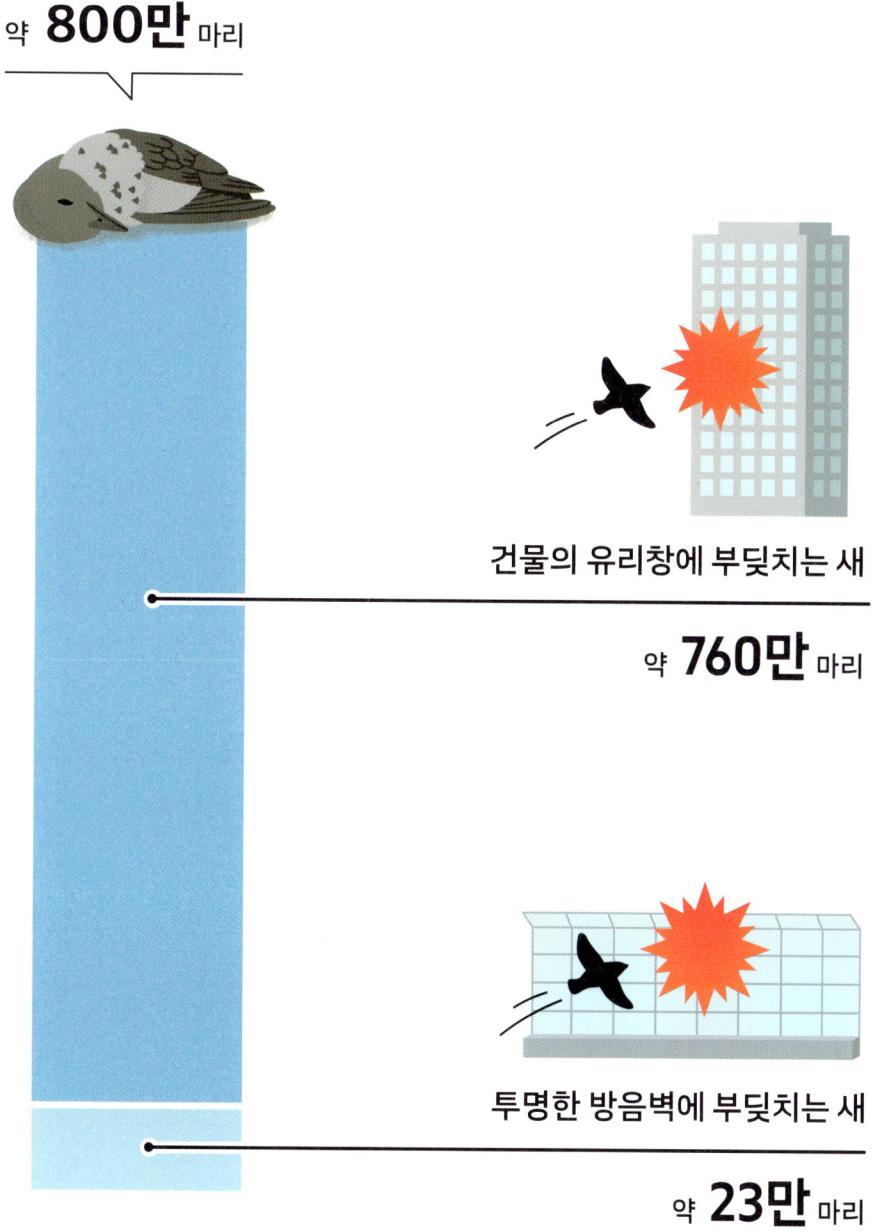

약 **800만** 마리

건물의 유리창에 부딪치는 새
약 **760만** 마리

투명한 방음벽에 부딪치는 새
약 **23만** 마리

사라질 위기의 새들

그렇다면 어떤 새가 유리창에 부딪치고 있을까요?
사람들의 제보를 받아 유리창에 부딪쳐 피해를 입은
새를 조사했어요.

유리창에 부딪쳐 약 4만 마리의 새가 목숨을 잃었어요.
그중에서도 가장 많이 부딪친 새는 멧비둘기, 참새, 직박구리 등
우리 주변에서 자주 보이는 새들이었어요.

피해를 입은 새들 중에는 우리가 소중하게 지켜야 할
멸종위기종이나 **천연기념물**도 있어요.
멸종위기종인 새호리기, 수리부엉이, 팔색조, 참매 등 1,092마리,
천연기념물인 솔부엉이, 황조롱이, 큰소쩍새 등 2,119마리가
유리창에 부딪친 채로 발견됐어요.

✈ **멸종위기종** : 자연이 파괴되어 살던 곳이 없어지고 먹이가 부족해져서
　사라질 위험에 처한 생물.
✈ **천연기념물** : 중요한 가치가 있어서 보호해야 하는 동물, 식물 등 자연.

유리창에 부딪쳐 피해를 입은 새들

멧비둘기 **7,928** 마리

참새 **2,824** 마리

직박구리 **2,296** 마리

천연기념물 **2,119** 마리

멸종위기종 **1,092** 마리

2장
새가 유리에 부딪치는 이유

투명한 유리

새는 왜 유리창에 부딪치는 걸까요?
유리가 투명해서 유리 뒤쪽에 무엇이 있는지
잘 보이기 때문이에요.
새가 유리 뒤쪽에 있는 나무, 먹이, 물을 보고 날아가다가
유리가 있는지 모르고 부딪치는 것이지요.

새가 가장 많이 부딪치는 것은 투명한 방음벽이에요.
방음벽은 시끄러운 소리를 막아 주는 벽이에요.
사람들이 사는 아파트 옆에 차가 많이 다니는 도로가 있으면
자동차의 시끄러운 소리를 막기 위해
투명한 방음벽을 설치해요.

방음벽을 투명하지 않게 만들면 되지 않냐고요?
방음벽이 투명하지 않으면 햇빛이 통과하지 못해서
그늘이 생길 수도 있고, 눈이 내렸을 때 눈이 녹지 않아
교통사고가 많이 날 수도 있어요.
그래서 방음벽을 투명하게 만들어요.

사진 2-1 넓고 높고 투명한 아파트 방음벽

빛을 반사하는 유리

유리창에 비친 내 모습을 본 적이 있나요?
빛은 유리를 통과하기도 하고 유리에 반사되기도 해요.
유리를 통과하는 빛보다 반사하는 빛이 더 많으면
거울처럼 나와 주변 풍경을 그대로 비춰요.

해가 높이 뜰수록 유리창은 햇빛을 더 많이 반사해요.
그래서 낮에 유리창을 보면 하늘이나 나무 같은 풍경이
그대로 유리창에 비쳐 보여요.
새는 유리창에 비친 풍경을 진짜라고 생각해 날아가다가
결국 유리창에 부딪치게 돼요.

해의 위치에 따라 달라지는 유리의 특징

새의 시야

시야는 눈으로 볼 수 있는 부분이에요.

사람과는 달리, 대부분의 새는 머리 양옆에 눈이 있어요.
이 점 때문에 새가 유리창에 부딪치기도 해요.
새는 다른 동물을 피해야 하기 때문에 시야가 아주 넓어요.
대신 한쪽 눈만 사용하지요.

물체가 앞에 있는지, 뒤에 있는지, 얼마나 떨어져 있는지
알려면 양쪽 눈을 사용해야 해요.
이렇게 양쪽 눈을 사용하는 것을 '양안시야',
새처럼 한쪽 눈을 사용하는 것을 '단안시야'라고 해요.

새는 단안시야를 주로 사용해서 앞에 유리창이 있는지,
얼마나 가까운지 알지 못해 부딪쳐요.

사람과 새의 눈으로 볼 수 있는 부분

눈이 머리 양옆에 있어 한쪽 눈으로 볼 수 있는 부분이 넓다.

양쪽 눈으로 볼 수 있는 부분이 넓다.

양쪽 눈으로 볼 수 있는 부분이 좁다.

사진 2-2 　눈이 머리 옆에 있는 집비둘기

새의 비행 속도

올빼미와 부엉이 같은 새들도 유리창에 부딪쳐요.
아주 빠른 속도로 날기 때문이에요.

속도가 빠를수록 부딪쳤을 때의 충격이 크고, 다치기 쉬워요.
복도에서 걷다가 친구와 부딪쳤을 때보다,
뛰다가 친구와 부딪쳤을 때가 훨씬 아픈 것처럼요.

새는 한쪽 눈을 주로 사용해 앞에 유리창이 있는 것을
잘 알지 못해요. 그런데 빠른 속도로 날기까지 해서,
유리창을 만나 부딪치면 크게 다치거나 목숨을 잃는 거예요.

사진 2-3 방음벽에 부딪쳐 죽은 천연기념물 쇠부엉이 ©김영준

3장
바닥에 떨어져 있는 새를 발견했다면?

쓰러진 새를 발견했다면 도와주세요!

다행히 건물이나 방음벽 아래에서
살아 있는 새를 발견하기도 해요.
유리창에 부딪쳐 정신을 잃은 상태일 거예요.

움직이지 않는 새를 발견한다면 숨을 쉬는지 살펴보세요.
겉으로 봤을 때 피가 나지 않고, 다친 곳이 없어 보여도
날개나 가슴 뼈가 부러지거나 눈과 부리를 다쳤을 수도 있어요.

만약 머리를 다쳤다면 목숨을 잃을 수도 있어서 정말 위험해요.
빨리 치료를 받을 수 있도록 도와줘야 해요.

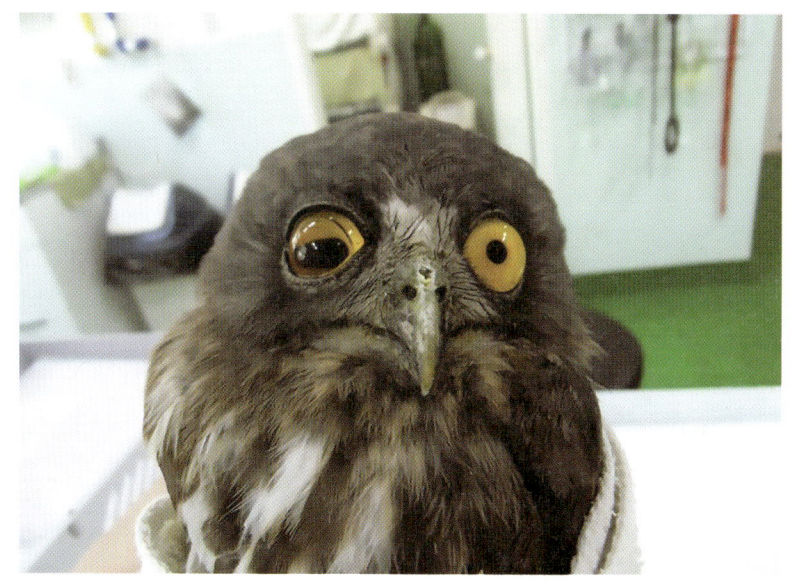

사진 3-1 유리창에 부딪쳐 눈을 다친 솔부엉이(위)와 수리부엉이(아래) ⓒ김영준

살아 있는 새를 봤을 때

다친 새를 보면 근처에 있는 야생 동물 구조 센터에
신고해 주세요. 하지만 구조 센터의 구조사가 다른 동물을
구조하러 갔을 때나 주말에는 구조가 어려울 수도 있어요.

그럴 때는 구조사가 올 때까지 새를 안전하게 보호해야 해요.
머리를 다친 새는 어둡고 조용하고 시원한 곳에 넣어 주세요.

새가 들어갈 수 있는 크기의 상자를 준비하고,
숨을 쉴 수 있도록 작은 구멍을 여러 개 뚫어 주세요.
상자를 수건으로 덮어 상자에 햇빛이 들어오지 않게 해 주세요.
그리고 새가 스트레스를 받지 않게 조용한 곳에 둬야 해요.

더 자세한 방법은 야생 동물 구조 센터에
전화해서 물어보세요.

전국 야생 동물 구조 센터 전화번호

❶ 서울시야생동물센터
📞 02-880-8659

❷ 경기도야생동물구조관리센터
📞 031-8008-6212

❸ 경기북부야생동물구조관리센터
📞 031-8030-4451

❹ 인천시야생동물구조관리센터
📞 032-858-9704

❺ 강원대학교야생동물구조센터
📞 033-250-7504

❻ 대전야생동물구조관리센터
📞 042-821-7931

❼ 충남야생동물구조센터
📞 041-334-1666

❽ 충북야생동물센터
📞 043-249-1455

❾ 울산야생동물구조관리센터
📞 052-256-5322

❿ 부산야생동물치료센터
📞 051-209-2093

⓫ 경북야생동물구조관리센터
📞 054-840-8251

⓬ 경남야생동물센터
📞 055-754-9575

⓭ 전북야생동물구조관리센터
📞 063-850-0983

⓮ 광주야생동물구조관리센터
📞 062-613-6651

⓯ 국립공원야생동물의료센터
📞 061-783-9585

⓰ 전남야생동물구조관리센터
📞 061-749-4800

⓱ 제주야생동물구조센터
📞 064-752-9582

죽은 새를 발견했을 때

새가 유리창에 부딪쳐 죽는 사고는 어디서든 일어나요.
죽은 새를 발견했다면 사체*를 치워 달라고 요청할 수 있어요.
'지역번호+120'에 신고하면 가까운 시청, 구청에서
사체를 가져가요.

새가 유리창에 부딪쳐 죽었다는 사실을 기록하고 신고하는 것도
중요해요. 기록이 모이면 새가 몇 마리 죽었는지,
어떤 종류의 새가 가장 많이 피해를 입었는지,
어느 지역에서 새가 목숨을 잃었는지 알 수 있거든요.
새들의 피해를 조사하는 데 도움이 되지요.

조사에 참여하면 많은 새가 유리창에 부딪쳐
목숨을 잃는다는 것을 사람들에게 알릴 수 있고,
새를 보호하기 위한 노력이 많아질 거예요.

죽은 새를 발견했을 때 어떻게 기록하고,
어디에 신고하면 좋을까요?

✦ 사체 : 죽은 동물의 몸.

사진 3-2 유리로 된 난간 주변에 죽어 있는 새

네이처링 앱에 기록하기

조금만 관심을 가지면 새가 유리창에 부딪치는 사고를
줄일 수 있어요. '네이처링'이라는 앱을 소개합니다.
자연에서 관찰한 것을 기록할 수 있는 앱이에요.
유리창에 부딪쳐 죽은 새를 발견한다면 네이처링 앱에
기록해 보세요. 스마트폰, 자, 비닐봉지, 스티커만 있으면 돼요.

죽은 새의 사진을 찍을 때는 새의 크기를 알 수 있도록
자를 옆에 두고 찍는 것이 좋아요. 그리고 비닐봉지에 담아
새의 사체를 치워요. 내가 신고한 새를 다른 사람이
또 신고하는 것을 막기 위해서예요.
마지막으로 유리창에 부딪친 흔적을 찾아 스티커를 붙여
표시하면 돼요. 다른 사람이 스티커를 보고
신고를 했다는 사실을 알 수 있도록 말이에요.

네이처링 앱에 기록을 남기면 사람들이 확인하고
새를 보호할 방법을 찾을 수 있어요.

네이처링 앱에 유리창에 부딪친 새를 기록하는 방법

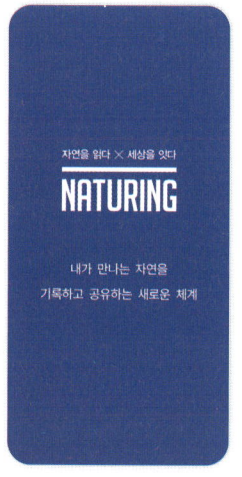

① 네이처링 앱 설치하고 가입하기

② 위치를 알 수 있도록 GPS 설정하기

③ '야생조류 유리창 충돌 조사' 미션에 참여하기

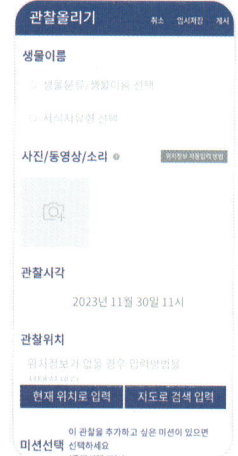

④ 죽은 새의 사진, 새를 발견한 장소와 시간 등을 기록하기

출처 : 네이처링 (www.naturing.net/terms/ccl)

큐알 코드를 핸드폰 카메라로 확인하면 네이처링 '야생조류 유리창 충돌 조사' 미션 페이지로 들어갈 수 있어요.

4장

새가 유리창에 부딪치는 것을 막는 방법

맹금류 모양 스티커 붙이기

새가 유리를 잘 볼 수 있다면 유리창에 부딪치지 않을 거예요.
창문에 눈에 잘 보이는 무늬를 붙이면,
새가 유리창이 있다는 사실을 알 수 있어요.

도로의 방음벽에 새 모양의 스티커가 붙어 있는 것을
본 적이 있나요? 독수리처럼 크고 무서운 새인 맹금류 스티커가
붙어 있어요. 맹금류는 날카로운 부리와 발톱으로
먹이를 사냥하는 새들이지요.

사람들은 맹금류 스티커를 유리창에 붙이면
독수리를 보고 놀란 새가 도망갈 거라고 생각했어요.
그래서 스티커를 붙여 유리창에 부딪치는 것을 막으려고 했지요.

하지만 맹금류 스티커를 붙여도,
새는 스티커가 붙은 곳만 피해가요.
스티커가 붙지 않은 곳으로는 여전히 부딪치고 있어요.
그래서 이 스티커만으로는 새를 완전히 보호할 수 없어요.

사진 4-1　맹금류 스티커 옆에서 발견된 참새 사체　ⓒ김영준

새에게 유리창이 있다는 것을 알려 주기

새가 유리창에 부딪치지 않으려면 어떻게 해야 할까요?
새에게 유리창이 있다는 사실을 알려 주면 돼요.
유리창에 가로와 세로로 선을 촘촘하게 그려 주면
여기는 지나갈 수 없을 정도로 좁은 곳이라고 생각해서
새가 창문을 피해 가요.

가로나 세로의 간격이 좁은 울타리를 생각해 보세요.
그 사이로 지나갈 수 없으니 돌아서 가게 되지요? 유리창에
가로선과 세로선을 그어 울타리처럼 보이게 하는 거예요.

선을 그을 때 지켜야 하는 규칙이 있어요. 바로 5×10 규칙이에요.
가로선의 사이가 5센티미터(cm)보다 가까워야 해요.
세로선의 사이는 10센티미터보다 가까워야 하고요.
그래야 새가 지나갈 수 없는 곳이라고 생각해서 피해 가요.
동그란 무늬를 그릴 때도 5×10 규칙을 잘 지켜야 해요.

새가 선을 잘 볼 수 있도록 선의 두께를 정하는 것도 중요해요.
가로선을 그을 때는 두께가 3밀리미터(mm)보다 두꺼워야 해요.
세로선을 그을 때는 두께가 6밀리미터보다 두꺼워야 하고요.

새에게 유리창이 있다는 것을 알려 주는 규칙

가로선일 때

5센티미터
3밀리미터

세로선일 때

10센티미터
6밀리미터

무늬일 때

10센티미터
5센티미터

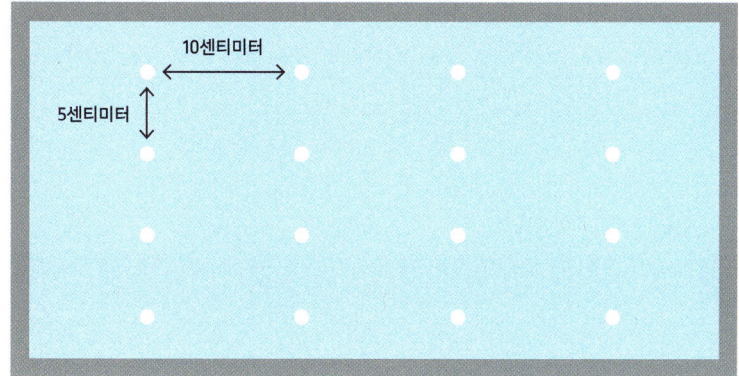

새의 눈에 잘 보이는
무늬 활용하기

유리창에 선을 긋지 않아도 다양한 모양의 스티커를
붙여서 새들이 부딪치는 것을 막을 수 있어요.

스티커를 붙일 때도 5×10 규칙을 꼭 지켜야 해요.
가로로 스티커를 붙일 때는
스티커 사이의 간격이 5센티미터보다 가깝게,
세로로 스티커를 붙일 때는
스티커 사이의 간격이 10센티미터보다 가깝게 붙어야 해요.

유리의 종류에 따라 스티커를 붙이는 위치가 달라요.
먼저 주변 풍경을 반사하는 유리창은
안쪽이 잘 보이지 않기 때문에, 스티커가 잘 보이도록
유리창 바깥에 붙여야 효과가 있어요.
투명한 유리는 어느 쪽에 붙여도 스티커가 잘 보여요.

새들은 주황색과 검은색을 가장 잘 볼 수 있어요.
그래서 주황색과 검은색 스티커를 같이 사용하면 좋아요.

사진 4-2   5x10 규칙에 맞춰 스티커를 붙인 유리창

아크릴 물감으로 표시하기

건물의 유리창이나 방음벽에 선을 긋거나 스티커를 붙이는 일은
혼자서 하기 어렵고, 비용이 많이 들어요.
하지만 아파트 자전거 보관소나 주차장처럼
크기가 작은 곳은 비용을 줄일 수 있어요.

바로, 아크릴 물감을 이용하면 돼요.
유리창에 아크릴 물감으로 선을 긋거나
동그란 점을 찍으면 돼요.
아크릴 물감은 스티커를 만들어 붙이는 것보다 저렴해요.
또, 오랫동안 지워지지 않고 색깔이 잘 변하지 않고요.

하지만 비가 오면 물감이 흘러내리거나
날이 너무 뜨거우면 물감이 녹아내릴 수 있어요.

사진 4-3 5x10 규칙에 맞춰 아크릴 물감으로 점을 찍은 유리창

낙하산 줄 이용하기

낙하산 줄을 이용할 수도 있어요.
유리창이 있는 작은 구조물에 낙하산 줄을
10센티미터 간격으로 달아 놓으면 돼요.
다른 줄을 매달아도 되지만, 낙하산 줄이 가장 좋아요.
낙하산 줄은 비에 젖어도 상하지 않아서
오래 사용할 수 있어요.

이렇게 아크릴 물감이나 낙하산 줄을 사용하면
저렴한 비용으로 간단하게 새들을 살릴 수 있어요.
우리 주변에는 여전히 투명한 구조물이 많아요.
학교, 아파트 단지, 지하철 역에는
어떤 방법을 사용하는 게 좋을지 같이 생각해 보아요.

사진 4-4 10센티미터 간격으로 낙하산 줄을 달아 놓은 유리창

5장

새와 함께 사는 방법

유리창을 비스듬하게

건물의 옆면을 비스듬하게 지어 유리창도 비스듬히 설치하면,
유리창이 하늘이 아니라 땅의 풍경을 반사하기 때문에,
새들이 유리창을 피해 가요.

또, 비스듬하게 설치한 유리창에 부딪치는 것이
일반 건물 유리창에 부딪치는 것보다 충격이 적어서
새들이 덜 다쳐요.

하지만 이 방법으로 새들의 피해를
완전히 막을 수는 없어요.

사진 5-2 유리를 기울어지게 만든 국립생태원 건물

새에게 안전한 건물

새가 부딪치지 않도록 유리창에 스티커를 붙이는 것도 좋지만,
처음부터 새에게 안전한 건물을 지을 수도 있어요.
새가 유리창을 잘 보고 피해 갈 수 있게 만들면 되지요.

가장 효과적인 방법은 건물을 지을 때
유리를 최대한 적게 사용하거나 유리창을 가리는 거예요.
건물 바깥에 장식을 달아서 투명한 유리창을 가리면
유리창에 주변 풍경이 반사되지 않아서 새들이 건물을
피해갈 수 있어요.

유리창에 붙일 장식을 예쁘게 디자인하면
모양도 아름답고 새에게도 안전한 건물이 돼요.
예를 들어, 전태일기념관은 전태일 **열사**✶의 편지를
장식으로 만들어 건물 유리에 붙였어요.
덕분에 아름다울 뿐만 아니라
새들이 부딪칠 걱정도 없는 건물이 됐어요.

✶ **열사** : 정의로운 일을 위해 목숨을 바친 사람.

사진 5-1   장식이 붙어 있는 전태일기념관의 유리창

독특한 모양의 유리 사용하기

투명한 유리 대신 독특한 유리를 사용하면 어떨까요?
불투명한 유리, 알록달록한 색의 유리,
울퉁불퉁한 모양의 유리 등은 모두
새가 유리창에 부딪치지 않게 막아 줘요.
불투명한 유리나 울퉁불퉁한 유리는
반대편이 보이지도 않고 주변을 반사하지도 않아
새에게 안전하지요.

만약 색이 들어간 유리를 사용한다면
다양한 색의 유리를 사용해서 무늬를 만들어야 효과가 있어요.
유리에 스티커를 붙이는 것같이 반복되는 무늬를 넣을 때도
42쪽에서 이야기한 것처럼 5×10 규칙을 사용해야 해요.

사진 5-3　울퉁불퉁한 유리

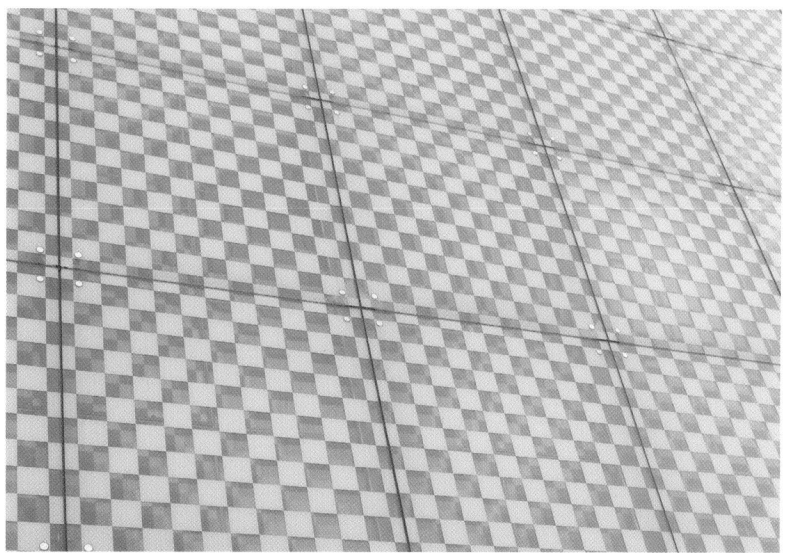

사진 5-4　5X10 규칙을 사용한 유리창

6장
새를 구하는 사람들

새들을 구하기 위해 할 수 있는 일

여러분은 새의 유리창 충돌 문제를 보고 어떤 마음이
들었나요? 슬프고 안타까운 마음이 들지 않았나요?

지금도 어딘가에선 새가 유리창에 부딪치고 있을 거예요.
하지만 또 어딘가에선 새가 유리창에 부딪치는 것을 막기 위해
방법을 찾는 사람들도 있어요.

우리는 새가 자연 속에서 죽는 건 막을 수 없어요.
하지만 인간이 만든 유리창 때문에 죽는 일은 막을 수 있어요.

우리 주변에는 새를 지키기 위해 노력하는 사람들이 많아요.
새가 부딪치지 않는 건물을 만드는 사람,
새가 유리창에 부딪치는 사고를 영상으로 만들어 알리는 사람,
새가 유리창에 부딪쳐 피해 입는 것을 조사하는 사람도 있지요.

새를 구하는 사람들의 이야기를 보며 내가 할 수 있는 일을
생각해 보세요. 이런 일이 너무 어렵게 느껴진다면,
가장 쉬운 방법을 소개할게요.

바로 유리창에 부딪쳐 피해를 입은 새가 없는지
조사하는 거예요. 방음벽, 아파트, 건물 등
주변에 쓰러져 있는 새를 발견하고 기록하면 돼요.

내가 남긴 기록을 신문사, 방송사, 시청 등에 알리는 거예요.
기록이 많아지면 사람들이 새가 유리창에 부딪치는 사고에
관심을 가지게 될 거예요.
그럼 문제를 해결할 수 있는 법이 만들어질 수도 있지요.

새가 다치지 않는 건물을 짓고 싶어요

건축사 사무소 '시인공간' 박병열 대표

박병열 대표는 건물을 만들어요.
직원들과 함께 강의를 듣다가 건물의 유리창이나
유리 난간 때문에 매일 많은 새가 목숨을 잃는다는 사실을
알게 됐어요. 그다음부터는 건물을 만들 때
새에게 안전한 건물인지 확인하게 됐지요.

박병열 대표는 새가 다치지 않게 건물을 디자인해요.
새가 유리를 잘 볼 수 있도록
유리의 크기와 모양을 바꾸는 것이지요.

사람들은 건물을 만들 때 건물의 아름다움을
가장 중요하게 생각해요.
박병열 대표는 아름다우면서도 자연에게도 좋은
건물을 만들 수 있다고 생각하고,
그런 건물을 만들려고 노력하고 있어요.
또, 동료들에게 새가 다치지 않는 디자인을
알려 주기도 해요.

박병열 대표는 건물을 만드는 사람으로서,
새에게 안전한 건물을 고민하면서 새를 구하고 있어요.

사진 6-1 새에게 안전한 건물을 만들기 위해 동료들과 이야기하는 박병열 대표

새의 죽음을 알리는
방송을 만들어요

KBS 김승욱 PD

환경에 관한 **다큐멘터리**를 만드는 김승욱 PD는
어느 날 국립생태원의 자료를 보고 충격을 받았어요.
1년에 800만 마리의 새가 유리창에 부딪쳐
목숨을 잃는다는 사실을 알게 됐기 때문이에요.

김승욱 PD는 유리창에 부딪치는 새의 이야기를
사람들에게 알려야겠다고 결심했어요.
그리고 <조류 충돌, 유리창 살해사건>이라는
다큐멘터리를 만들었지요.

김승욱 PD의 다큐멘터리를 본 사람들은
이렇게 많은 새가 유리창에 부딪쳐 죽는데
평소에 그런 장면을 본 적이 없어서 깜짝 놀랐다고 해요.
사실 우리가 사는 아파트에도 유리창에 부딪쳐 죽은 새들이
많아요. 하지만 아파트 관리인이 바로 치우기 때문에
우리는 그 사실을 모르고 있지요.

✈ **다큐멘터리** : 현실에 있는 이야기를 있는 그대로 담아서 만든 영상.

김승욱 PD는 새에 대한 다큐멘터리를 만든 후로,
유리창에 부딪쳐 쓰러진 새가 없는지 더 관심을 갖고 살피게 됐어요.
또, 새를 지키기 위해 노력하는 사람들의 이야기도 듣고 있어요.

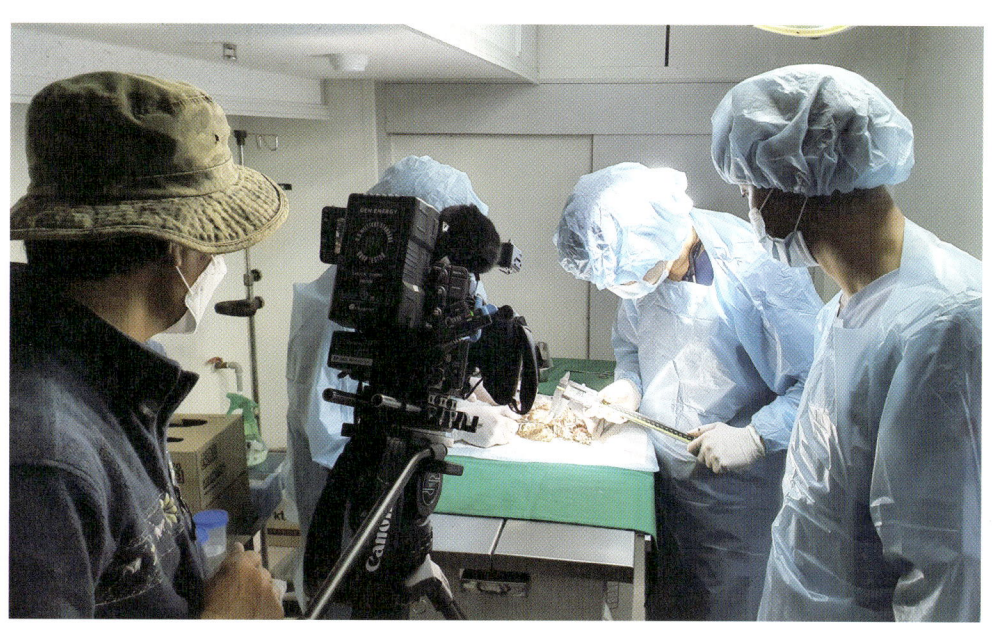

사진 6-2 다큐멘터리 <조류 충돌, 유리창 살해사건> 장면을 촬영하는 김승욱 PD

새를 관찰하다가
새를 돌보게 됐어요

👤 이화여자대학교 '윈도우 스트라이크 모니터링팀' 김윤전 팀장

김윤전 팀장은 학교에서 탐조✈ 동아리에 가입해 활동하다가
학교 건물 아래에서 죽어 있는 새를 발견하고 깜짝 놀랐어요.
새가 유리창에 부딪쳐 죽을 수 있다는 건 알고 있었지만
실제로 죽은 새를 본 적은 없었기 때문이에요.

김윤전 팀장은 탐조 동아리 활동을 하면서, 유리창에 부딪치는
새를 조사했어요. 새를 지키기 위해 유리창에 스티커도 붙이고
강연도 하면서 사람들의 관심을 모았지요.

그 노력 덕분에 학교 건물에 스티커가 붙었어요.
서울시에서는 야생 새를 보호하는 법이 만들어졌어요.

김윤전 팀장은 더 많은 생명과 함께 살 수 있는 세상을
만들기 위해서 아직 더 많은 사람들의 관심과 노력이
필요하다고 말해요.

✈ 탐조 : 새를 관찰하는 활동. 다양한 새의 생김새, 새가 생활하는
모습 등을 관찰하면서 즐거움을 느낄 수 있다.

사진 6-3　학교 건물에 부딪쳐 죽은 울새와 진홍가슴

어느 날부터 새 소리가 들리지 않았어요

경기도 하남시 '버드세이버' 자원봉사자 전인태 씨

전인태 씨는 경기도 자원봉사센터에서 교육을 듣고
새가 유리창에 부딪쳐 죽는다는 사실을 처음 알게 됐어요.

그러던 어느 날 유리창에 부딪쳐 죽은
검은지빠귀를 발견했다고 해요.
어느 순간부터 새 소리가 들리지 않는 이유가
바로 유리창 때문이라는 것을 알게 됐어요.

전인태 씨는 이 문제를 사람들에게 알리기 위해
교육 자료를 만들고, 학생들에게 가르쳤어요.
학생들과 함께 새가 유리창에 부딪치는 사고를 조사하는
봉사 활동도 시작했지요.

전인태 씨의 활동 덕분에 경기도와 하남시에
새를 보호하는 법이 만들어졌어요.
전인태 씨는 더 많은 지역에 새를 보호하는 법이
만들어지도록 계속 활동할 거예요.

사진 6-4 하남시의 한 사회복지관 건물에 아크릴 물감을 칠하는 전인태 씨

새의 죽음에 관심 없는
사람들 때문에 힘들어요

야생조류 유리창 충돌 시민 조사자 은수희 씨

은수희 씨는 친구네 집 유리창에 부딪쳐 죽은
참새를 보고 너무 안타까웠어요.
억울하게 죽은 새를 생각하니 미안한 마음이 들었지요.
그래서 새의 죽음을 알려야겠다고 생각했어요.

그 이후로 한 달에 한 번씩 꾸준히 방음벽 주변을 돌아다녔어요.
그리고 목숨을 잃은 새들을 발견할 때마다 기록으로 남겼어요.

은수희 씨는 죽은 새를 보는 것보다 새의 죽음에 관심이 없는
사람들 때문에 더욱 마음이 아프고 힘들었다고 해요.
방음벽을 살펴보며 새의 죽음을 기록하는 것이
귀찮을 때도 있었지만 유리창 때문에 죽는 새를 떠올리며
은수희 씨는 기록을 멈추지 않았어요.

모은 기록으로 민원을 남기자
방음벽에 부딪치는 것을 막는 스티커가 붙기 시작했어요.
그 이후로 방음벽에 부딪쳐 죽는 새가 조금씩 줄어들었어요.

은수희 씨는 앞으로도 새에게 안전한 건물이 더 많이 생기기를 바라고 있어요.

사진 6-5   방음벽에 부딪쳐서 죽은 새를 기록하는 은수희 씨

우리가 모르는 사이에 새가 죽어 가고 있어요

👤 야생조류 유리창 충돌 시민 조사자 허수안 씨

허수안 씨는 친구의 학교에서 유리창에 부딪쳐 죽은
청딱다구리를 보고, 자신의 학교에서도
유리창에 부딪쳐 죽은 새가 없는지 알아보기 시작했어요.
그리고 6개월 동안 같은 자리에 죽어 있는 콩새 31마리를
발견했지요. 이 문제를 해결하기 위해
유리창에 부딪치는 사고를 조사하게 됐어요.

SNS에 새가 유리창에 부딪친다는 사실을 올려
많은 사람들에게 알렸고, 학교 방음벽에도
충돌을 막기 위한 스티커를 붙였어요.

허수안 씨는 아직도 죽은 새를 보면 충격을 받는다고 해요.
사람들이 새의 죽음에 더 관심을 가질 수 있도록
앞으로도 조사를 이어갈 거예요.

사진 6-6 같은 자리에 죽어 있는 콩새들

새를 살리기 위해, 죽은 새를 찾고 있어요

야생조류 충돌 방지 활동 모임 '새::닷' 권은정 대표

권은정 대표는 2016년부터 동물들을 위한 활동을 하고 있어요.
개나 고양이 등의 반려동물을 괴롭히는 곳을 없애고,
동물을 보호하기 위해 여러 활동들을 하지요.

새가 유리창에 부딪쳐 죽는 것을 알고 있었어요.
하지만 다른 사람들이 새를 위해 노력하고 있을 거라고
생각했어요.

하지만 아파트에서 유리창에 부딪쳐 죽은 박새를 본 뒤,
권은정 대표는 새를 지키기로 결심했어요.
그 이후로 유리창에 부딪쳐 죽은 새를 조사하기 시작했지요.

권은정 대표는 강원도에서 새들의 죽음을 막는 법을
만들기 위해 다양한 활동을 하고 있어요.

사진 6-7   새들이 부딪친 흔적을 찾아 기록하는 권은정 대표

새와 함께 사는 세상 만들기,
누구나 할 수 있어요

경기도자원봉사센터 박선자 팀장

경기도 자원봉사센터에서 일하는 박선자 팀장은
새가 유리창에 부딪쳐 죽을 수 있다는 것을 잘 몰랐어요.
그러다 2018년 경기도청 건물의 투명한 유리창에
새가 부딪쳐 죽는다는 민원을 받았어요.

그 이후, 박선자 팀장은 기사를 통해 많은 새가
유리창에 부딪쳐 목숨을 잃는다는 사실을 알게 됐어요.
박선자 팀장은 문제를 해결하기 위해 봉사 활동을 시작했어요.

새의 죽음을 조사하는 것이 힘들 때도 있어요.
하지만 박선자 팀장은 조금씩 달라지는 방음벽을 보며
힘을 얻어요. 새로 만들어진 방음벽에
새를 위한 스티커가 붙어 있는 것처럼 말이에요.

박선자 팀장은 생명을 살리는 일에 조금이라도 관심이 있다면
누구나 봉사 활동을 할 수 있다고 말해요.
그리고 함께하는 사람이 많아질수록,
더 많은 새를 살릴 수 있다고 믿어요.

사진 6-8 봉사 활동을 하는 경기도자원봉사센터와 박선자 팀장

유리에 부딪쳐 죽는 새를
그냥 지나칠 수 없었어요

광주 동물권* 단체 '성난 비건' 유휘경 대표

앞에서 말한 김승욱 PD가 만든 다큐멘터리, 기억 나나요?
유휘경 대표는 김승욱 PD의 다큐멘터리 <조류 충돌, 유리창 살해
사건>을 보고 새가 유리창에 부딪치는 사고를 알게 됐어요.

방송을 본 뒤에 유휘경 대표는 방음벽 아래에 죽어 있는
새를 발견했어요. 그리고 문제를 해결하기 위해
동료 활동가와 함께 조류 충돌 조사를 시작했지요.

더 많은 사람들에게 문제를 알리기 위해 조사 결과를
지역 신문에 보내고, 방음벽을 관리하는 곳에
민원을 넣기도 했어요.

유휘경 대표는 새의 죽음을 막을 수 있는 방법이 있는데
모른 척할 수 없다고 말해요. 우리가 사는 도시가
새가 안전하게 살 수 있는 곳이 되기를 바라고 있어요.

*동물권 : 동물에게도 보호받으며 행복하게 살아갈 권리가 있다는 생각.

사진 6-9 　벽 아래 떨어진 새를 살펴보는 유휘경 대표

내용 감수 및 자료 제공에 참여한 국립생태원 연구원
김영준 진세림

쉬운 정보 감수에 참여한 사람
김명일 이주형 전해은 정유민

유리창에 부딪치는 새들 쉬운 글과 그림으로 보는 자연 이야기

발행일 2024년 11월 18일 초판 1쇄 발행, 2025년 4월 25일 초판 2쇄 발행 | **엮음** 국립생태원
발행인 이창석 | **책임편집** 유연봉 | **편집** 염아름
글·그림·디자인 소소한소통 (쉬운 글 류재현 · 편집 정다은 · 그림, 디자인 김지예)
발행처 국립생태원 출판부 | **신고번호** 제458-2015-000002호(2015년 7월 17일)
주소 충남 서천군 마서면 금강로 1210 | **홈페이지** www.nie.re.kr | **문의** 041-950-5999 | **이메일** press@nie.re.kr

ⓒ국립생태원 National Institute of Ecology, 2024
ISBN 979-11-6698-490-7 (14400)
ISBN 979-90518-20-8 (14400)(세트)

이 책에 실린 모든 글과 그림을 저작권자의 허락 없이 무단으로 사용하거나 복사하여 배포하는 것은 저작권을 침해하는 것입니다.

조심하세요
책을 던지거나 떨어뜨리면 다칠 수 있으니 조심하세요.
온도가 높거나 습기가 많은 곳, 햇빛이 바로 닿는 곳에는 책을 두지 마세요.